Kolofon
©Mathias Jansson (2020)
"Di ångermanländska II - en diktantologi"

ISBN: 978-91-86915-46-9

Utgiven av:

"jag behöver inget förlag"
c/o Mathias Jansson
Tvärvägen 23
232 52 Åkarp
http://mathiasjansson72.blogspot.se/

Tryckt: Lulu.com

Förord.

För några år sedan publicerade vi en antologi med de tre Kramforspoeterna: Skogs-Bo Olsson, Holger Näsman och Jonte med cykeln. Gensvaret blev över förväntan och antologin har sedan dess tryckts upp i flera nya upplagor. Intresset har varit stort och intäkterna har bland annat lett till att pastor Fridman förra året kunde ge ut en volym med samlade dikter av Skogs-Bo Olsson.

Under otaliga diktuppläsningar på sockenbibliotek och i lokala samlingslokaler runt om i kommunen har vi fått ta del av många nya spännande historier och levnadsöden. Människor har tipsat oss om andra okända och bortglömda poeter, men också några nu levande har smugit sig in i denna antologi. Vi har fått motta plastpåsar och kartonger som stått bortglömda på vinden med osorterade texter och en hel del skrivhäften med dikter. Efter att sorterat och diskuterat alla dessa förslag har vi valt ut några poeter som vi tycker sticker ut genom sina särpräglade och unika röster.

I den här antologin kan du läsa dikter av: Kloka Karin från Brunne, Patient E, Mäsk-Olle, Holger Broman, den okända poeten JJ, Emil Byman, pseudonymen Balthazar von Konkelbären, Hubertus Broman, Nils Verner, Fabian Lundbom, Anders Andersson och Sara Grönkvist.

Det Stora Arbetet av Mäsk-Olle

Jäst, socker och vatten blandas
grundämnena smälter samman
förvandlas
värmen stiger
och frigör andarna
ångorna stiger uppåt
svalnar och svalkas
faller som tunga droppar
livets vatten uppsamlas
i den gröna buteljen.

**

Den stora hemligheten
ligger i de många försöken
att skapa den optimala kröken
den slingrande kopparormen
glänsande i det mäskdoftande köket
i spiralens labyrinter
finns hemligheten
till den perfekta spriten.

**

I skogsgläntan
samlas männen
för månskensbränning
de tar bästa björkveden
för att värma upp
kopparkittel och mäskkar

Ur tjärnens kalla djup
hämtas kyla för att svalka
den heta spriten
och innan kvällens slut
har kranen droppat
var sin sup
klar och stark
som morgonens första dagg.

**

Längs livets långa vandring
längs vindlande småvägar
i diken och på skogsängar
har jag plockat
Johannesört, Skvattram
Malört och vildnypon

Generation efter generation
har vandrat samma väg
och kryddat sitt brännvin
med samma uråldriga växter
i våra halsar och våra ådror
rinner släkternas hemliga recept.

**

Ett hemligt sällskap
med alkoholens alkemister
arbetar i lönndom
med det stora arbetet

De står böjda över sina apparater
i stugor, kök och garage
det puttrar och bubblar
det doftar och luktar
medan det jäser och blandas
i rör, kolvar och kar

Allt kopplas sedan samman
och förvandlas
till den ädlaste
av alla gudadrycker
till ett rinnande guld
att tappa på butelj.

**

Supen i strupen
den far så klar
den som den tar
och bekänner
han är bland vänner
och snart han känner
hur den bränner
bort alla gråa dar
och solen lyser
evigt klar.

**

Norrländsk mytologi av Holger Broman

Narcissus

En yngling, Nathan var hans namn
gick i skogen för att söka
den mytomspunna tjärnen
skulle fiska öringen
fann ett stilla spegelöga
gömd bland bergens skogar

Såg i vattnet sin spegelbild
glömde allt omkring
spöet blev liggande
hörde inte fisken slå
stirra bara på sig själv
sitter väl där än
en ensam gammal gubbe
utan varken fisk eller fru.

**

Pygmalion

Pelle ströva i skogen
såg skogsrået slingra sig
i lövens skuggspel

I trädets konturer
avtecknade sig en vacker kvinna
med yxan och kniven
befriade han henne
och tog henne med hem till sig

Oskiljaktiga var de genom livet
med prästen vägrade att viga
Pelle med hans träbeläte.

Arcane
Anna vävde livets väv
med täta trådar
skulle fylla brudkistan sin
medan fästmannen väntade

Tiden gick och livets väv växte
men Anna blev gammal
och spindelväven tätnade
fästmannen väntar inte längre
han gifte sig med en annan.

**

Lakoon
Lasse skulle fånga ålen
sönerna tog han med
ut i mörka natten

Agnade med gäddhuvud
sänkte kroken ner i djupet
vågorna klucka mot ekan
det högg och linan strama
de drog händerna blodiga

Avgrundsålen fick de
till slut i båten
slingrade sig kring far och söner
tog med sig dem
tillbaka ner i djupet
ett sånt tragiskt slut
ett sånt elände
på hela fiskarfänget.

Sisyfos

Sixten byggde huset på berget
men usel var grunden
höststormen spolade bort det
på våren började han bygga igen
men det blev lika uselt som förr
å samma sak hände
när höstregnet kom åter
år efter år byggde han nytt
vägrade ge upp
sin usla byggnadskonst.

**

Diogeneis

I ett oljefat i hamnen
både en luffare
som gick omkring på dagen
och lös men en ficklampa
i ansikte på folk
och påstod att
han hade upplyst dem i livet

Två schäfrar följde honom
den ena hette Sanning
den andre Lögn
skällde vart om annat
om du ljög eller talade sant.

**

Barndomsminne av den okända poeten JJ

Älven flöt stilla förbi
midnattssolen hängde
över de djupa skogarna
vi dingla med bena från Sandöbron
det var jag, Olle och Siv

När vi var fulla med mod
tog vi klivet över bron
kände hur det sög till i magen
under den kort stund som fallet varade
innan vi slöts av älvens kalla famn
sen simmade vi i land
stod och darra fulla med liv

Jag sa väl att det va
från lilla Sandöbron
vi hoppa en sommarkväll 1977?

**

Nere vid stranden
fann vi en flaska
på botten av älven
inbäddad i blåleran

Vi tvättade den
och den glimrade
så grön och grann
och när jag blåste i den
så lät det så grant
som en konsert av Franz Berwald.

**

Vi gick och leta på marken
på platsen där det hände
det var Olle, Siv och jag
som gick och peta i gräset

Tänk om vi skulle finna
en kula lika historisk
som trollknappen av mässingen
som träffa Karl den XII
uppe vid fästningen

En kula från en militär
som sköt på de som var där
när det hände i Lunde
då hade vi säkert
kommit med i TV
och blivit berömda.

**

Vi band ihop några stockar
spikade fast några brädor
lät flotten flyta med strömmen

Siv hade gjort smörgåsar
Olle hade med en flaska saft
jag tog med en burk mask

Under brovalvet
släppte vi ankar
och låg resten av dagen
på magen
och metade abborre ur himlen.

Trollformler och signelser
av kloka Karin från Brunne

Humpa pumpa rumpa
hudens skäll blandas med bävergäll
smörjs motsols
runt leden
lägg på silverskeden
så är allt bra imorgon kväll.

**

Kattfot, gravsot och tjäderspott
blandas med en sup
ta morgona och kvälla
läs en fader vår
så blir du bra i magen.

**

Månskensdagg och lingonris
rölleka i björksav
rot av rallarros
stöts till en gröt
och läggs mot örat
snart ska du få höra
fåglarna kvittra igen.

**

Ro ut till mitten av tjärnen
i fullmånsken
signa dig för Herren Krist
bind en krans av sju lyckor
blunda och säg:
Du som tänker på mig
jag binder dig till mig
lägga kransen i månskensström
dröm sen om vännen din.

**

Fladdermusblodet och bolmörtsbladen
nattvardsvinet och gravsaltet
blanda och drick ur en vril
som växt på Bålberget
gå tre varv baklänges runt graven
vid midnatt
så ska han du söker
stiga upp och tala om
hemligheten som du vill veta.

**

Rassel, trassel, ekorrsvans
kokas med timjan
tallbarrsskott och fläderblom
för att bota lungsot
ta en bit liksvepning
andas djup in ångorna
begrav tyget under en trädrot.

**

En nattfjärt ur en jungfrustjärt
på en fjäder från en havsörn
stryk den med salva
på den veke
så ska du se
att du åter förmår
när den återuppstår.

**

Plocka fyra strängar
av näckens ros
sätt dig naken i bäcken
i fullmånens sken
offra snus och brännvin
och säg:
Näcken, Näcken
du kung av bäcken
lär mig att spela
på min fela
så ska jag giva dig
brännvin och snus
vid fullmånens sken.

**

Dikter av Patient E

Nattens svarta skogar
står så täta omkring mig
vegetationen fångar
och kväver mig
när jag ropar på dig
är det bara ekot
som svarar mig
-Var är du min vän?

**

Marken drar ner mig
jag sjunker ner i mossen
det unkna våta
orkar inte längre kämpa
försvinner in i tystnaden
låter döden
omfamna mig
jag ropar i mörkret
-Varför svarar du inte mig?

**

Jag hinner inte varna dig
hösten brinner redan i skogen
själen känns som aska
minnet av dig bleknar
jag blåser bort med vinden
och försvinner
-Min älskade när ses vi igen?

**

Bläcket stelnar i mina ådror
fyller mitt hjärta
med sorgens svarta svärta
ur mina händer flyter
bara mörker
svarta skuggor som
jagar mig längs minnets stigar

Jag springer än en gång
mot underjordens ingång
söker skydd i det trygga
medan mina sista ord
ekar bakom mig
-Älskar du mig?

**

Skymningen faller
tidigt i skogen
allt dör runt omkring mig
och inom mig
viskar de torra löven
ett sista avsked till dig
-Farväl!

**

Att måla en tavla av Emil Byman

6 juni
Jag heter Emil Byman
bor här i Byn
vid Sjön
med Bergen och Skogen
runt omkring
genom Byn går Vägen
och idag har jag
hissat flaggan i topp.

**

8 juni
Det kom en bil till Byn
med en karl
som sålde tavlor
en var fin
det var en myr
med en älg
en sommarkväll

Jag köpte den
och hängde upp den
på väggen i mitt hem.

**

16 juni
Posten kom med paketet
som jag beställt
från handlaren i stan
det var duk
penslar och färg

Jag ställde in det
i vedboden
ska börja måla ikväll.

**

20 juni
Det är svårt
att måla en älg
jag får nog
beställa mer färg.

**

27 juni
Älgen blev bra
sen ska det va
Skogen, Bergen och Sjön
Vägen genom Byn
Huset med flaggan i topp
och Jag som står på bron
och vinkar till en Älg.

**

8 juli
Jag är klar
och har hängt
upp tavlan
bredvid den jag köpte

Jag är nöjd
imorgon ska jag
börja på en ny duk.

**

20 juli
En tavla till
att hänga på min vägg
nu är de tre
två som jag gjort
och en som jag köpt

Att måla går nu fort
men det går åt
mycket duk och färg.

**

Veckans värsta vers
av Balthazar von Konkelbären

En herre från kommunhuset
var på besök i Babelshuset
i nykterhetens tempel
började han orera
om mammons tjänare
men glömde själv att förmedla
att han själv är en tjänare
som tjänar sina pärningar
genom att mygla
med kassan i fackföreningen.

**

En fru ur societeten
ville alltid gå i täten
för den kyska moralen
tills den dagen
hon själv blev påkommen
i äktenskapets sänghalm
med unga pastor Malm.

**

Medan kommunens tjänstemän
plocka ut höga arvoden
och har det livat
på semestern och fritiden

Får en annan mocka skiten
och mjölka kreaturen
och vara glad för en liten peng
från det kooperativa.

**

Träbaronen bjöd generöst
kommunens tjänstemän
på trerätters på Knaust
och avec i sitt jaktslott
sen drog han ett fräckt skämt
och så var det bestämt
att lite skit har ingen dött av

Att ta hand om lorten
är bara onödigt besvär
för det är nog bara gödning
som spolas ut i viken
och så kan man behålla
arbetstillfällena på orten.

**

En konsult från Östersund
presenterade stolt sin plan
en hoppbacke av världsklass
som skulle byggas mitt i stan

Han talade om SM och VM
och när OS omnämndes
det snabbt bestämdes
med ett enhälligt beslut.

Men även om uthoppet var vågat
så blev det platt fall till slut
hopptornet fick röta och revs
den enda som blev nöjd
var konsulten från Östersund
som blev väl försörjd.

Ur Svartboken från Lomtjärn
i bearbetning av Helge Broman

Gamlefar du uråldriga väsen
stjärnorna var ännu nya
tiden i sin linda
när du föll ur himlens
svarta avgrundshål

Ett grodyngel var du
slumrande i din tusenåriga vila
på tjärnens dyiga botten
låg du inbäddad
i uråldriga lager

Vi dina enklare tjänare
såg tecknen i skyn
kände din närvaro
vi hörsammade våra förfäders
heliga kallelser
att tjäna alla dina skepnader

I begynnelsen lämnade vi
det bördiga tvåflodslandet
bortom geternas land
fann vi ett nytt hem
i de sju borgarnas berg
väntade vi länge på
din återkomst

Nu kallar du oss åter
vår vandring fortsätter
från österled
mot ödemarkerna i norr

Här vid tjärnens heliga plats
satte vi vårt bo
vid den svarta stenen
har vi i generationer
offrat vårt kött och blod
till dig Gamlefar

Gamlefar hör vår bön
vaken är du nu
väx dig stark
väx dig stor
snart är din tid kommen

Sju stjärnor ska tändas
i nattens mörker
sju offer bringas fram
i sjustjärnans symbol
sju stenar ska sjunga
och Urfadern och Urmodern
ska återvända till dig

Vi dina enkla tjänare
vi ber dig ödmjukt
att få följa dig
tillbaka genom
avgrundens svarta hål
till den tidlösa tomhetens rymd

Ta dez un des
Ta dez un dos

**

Gamlefar hör vår bön
vi österns väktare
de sju stenarnas beskyddare
välsigna oss med
det sjunde ögats insikt
låt oss skåda
bakåt i det förgångna
framåt i det kommande
inåt i det fördolda
bortom det verkliga

Låt oss skåda
in i nyckelhålet
till de sju portar
genom de sju tidsåldrarna
genom de sju elementen
ända bort till tomhetens rymd
där dina förfäder vilar
väntande på att komma tillbaka

Wede te wede te
Wade ta wade ta

**

Vandraren i Nagar
mötte den Enda
den Enda frågade Vandraren
Varför rynkar du pannan min vän?

En gåta är mig given
sammanfogad av sju tecken
en ordfläta för svår
för en människa att förstå

Sju tecken är din gåta
med ett streck löser jag din knut
för allt hör samman
när det delas i tu

Å Gamlefar strecket var du
den Enda som finns
mellan dröm och verklighet
mellan det förflutna och framtid

Un um te des
Un am te dos

**

Den svarta stenen sjunger
Tezezez ta, tezezes tao
Tezezez ty, tezezes tya
Tezezez te, tezezes tea
Tezezez ti,

Långt i fjärran svarar bergen
Gamlefar vi ger dig
det första liv
som året gett
vi återbördar till dig
vår födslorätt

Tjärnens öga färgats rött
ser mot evighetens portal
sju stjärnor
sju portar
leder dig rätt.

**

Litterära klassiker
återberättade av Östby-Nils

Don Quijote
På Kramfors kommunbibliotek
borta vid fönstret
kunde man hitta honom
försjunken i sina böcker
om Vild-Hussens äventyr

På kvällarna
cyklade han omkring
som en norrländsk don Quijote
med sin trogna vapendragare
en korpulent bagare från Kramfors
en svettig Sancho Panza
sävligt tuggande på en sirapslimpa

Om deras äventyr
finns mycket att förtälja
med märkligaste av dem alla
var väl ändå när våran norrländske don Quijote
en kväll kom till Väjabadet
och beväpnad med en sopkvast
vilt började fäktas
med skogens alla grenar
i tron att de var troll
som rövat bort hans älskade Dulcinea

Ett äventyr som fick ett dråpligt slut
när vår hjälte halkade och föll
rakt ner i en myrstack
och i största hast
fick kasta sig i vattnet
för att undfly sina plågoandar.

Moby Dick

Kalla mig Ishmael sa Isak Jonsson
när sönerna la ut båten vid Ödskajen
vågorna gick vita på älven
båten kastades omkring
och sönerna rodde för glatta livet

Längs fram i fören
stod Isak med båtshaken och gul sydväst
spanande över vattnet
sökte Ångermanälvens Moby Dick
den mytomspunna albinogäddan
som lurade i djupet

Stadigt stod Isak i fören
van vid havets vrede sen tonåren
då han gått längs Grönlandskusten
på valfångstfartygen

Men olycka var en gång framme
den harpunerade valen
drog ned Isak i djupet
han lyckades rädda sig till slut
men drev omkring på ett isflak
tills han halvdöd blev återfunnen
och sen den dagen sökte han hämnden

Sönerna fick ro i ur och skur
upp och ner längs älven
gäddan fångade Isak aldrig
men när sönerna blev vuxna
tog de SM-guld i kapprodd.

Förvandlingen

När Gregor vaknade en morgon
låg han utslagen i ett lerigt dike
fann sig krypande på alla fyra
yrade och hallucinerade
trodde att han var en gråsugga

Ett par pojkar gick förbi
roade sig med
att kasta ruttna äpplen och ägg
som fastnade i kläderna
bromsen trivdes i smutsen
och bet Gregor ilsket i skinnet

Hela förmiddagen kröp Gregor
halvgalen omkring i stanken
tills han togs omhand av polisen
fördes till fyllecellen
för att sova av sig ruset.

**

Robinson Crusoe

Robban flyttade
med jycken Fredag
ut till Grusholmen en sommar
skulle leva som skeppsbruten
samla växter och nötter
fiska och äta rötter
gå omkring utan skor
på sina fötter
men så börja det regna och åska
och Robban blev rädd
och tog båten hem
till mor och far
sicken ängslig karl.

Hyllningstal av Fabian Lundbom till
Torgny Lindgren sällskapet (Dynäs
sektionen), 20 års jubileum på Torgny-
dagen den 26 februari 2010.

Kära åhörare
trogna Torgny Lindgren läsare
vi har samlats på Torgny-dagen
för att fira vårt 20-års jubileum
av vårt litterära sällskap

Dagen till ära har jag
uppfunnit en ny rätt
Sur-pölsan
det bästa från två världar
den västerbottniska pölsan
lagrad och jäst
i surströmmingsburkar
från Nordingrå
tills den bågnat och mognat
till en fermenterad delikatess

Vi sköljer förstås ner
denna smakupplevelse
med Norrlands Akvavit
och till tilltugg servas
tunnbröd med ett tunt lager
av hummelhonung

Men först några ord om jubileet:
Jag minns första gången jag såg dig
det var i Umeå
jag kunde knappt tro mina ögon
var det inte Torgny Lindgren
som satt på en bänk på tågstationen
och åt en varm korv med bostongurka
som en vanlig karl
det var i alla fall bra likt

Sen den dagen har jag inga andra
författare läst
inte ens familjebibeln
med illustrationer av Doré
har jag öppnat under dessa 20 åren
utan mina tankar och känslor
har dag och natt kretsat kring
Avaträskets karaktärer och miljöer

När nyheten nådde mig
att du invalts i Svenska Akademien
så tänkt jag i mitt stilla sinn
Vad ska en hederlig karl
som Torgny Lindgren göra i Stockholm?
Hur ska han trivas i södern
utan den norrländska pölsan
och hur ska han orka
lyssna på det eviga stockholmspladdret
istället för granskogens mäktiga sus?

Men sen tänkte jag
att det är nog den där Olof Helmersson
som sänt honom som en profet
för att omvända
de stackars stockholmarna
och lära dem uppskatta pölsa
brännvinet och tigandets ädla konst

Jag höjer sålunda mitt glas
fyllt till brädden med Norrlands Akvavit
och utbringar ett fyrfaldigt leve
för Torgny Lindgren

och sen goa vänner och bekanta
ska vi smaka på den förträffliga Sur-pölsan
och så tänkte jag avsluta dagen
med att läsa några rader ur
Ormens väg på Hälleberget.
Skål! Gutår!

I sanning diktat av Anders Andersson

I Ödsbergets djup

Mamma varna mig alltid:
Gena inte genom Ödstunneln
du kan dö om tåget kommer
det var vad hon sa
men jag var ung och inte lyssnade jag
på vad morsan sa

Mitt i tunneln fanns en dörr
alltid stängd med kedja och dubbla hänglåsen
men en kväll stod den på glänt
och spred det lockande ljuset

Ungdomens nyfikenhet tog över
och jag kika in och såg
tunneln som vindlade sig
djup in Ödsberget
jag följde tunneln in i berget
efter ett par hundra meter
kom det en tvär krök
och bakom kröken
vidgade sig tunneln till en stor sal
och mitt i salen svävande det
så sant som jag heter Anders Andersson
ett flygande tefat

Plötsligt kände jag olusten
anande stora skuggor i salens dunkel
blanka runda ögon som stirrade på mig
skräcken grep tag i mig
jag vände och sprang för livet

Nu är dörren igenmurad och försvunnen
fast jag sökt den hemliga ingången
har jag inte hitta den
men någonstans där inne i Ödsberget
finns det ett flygande tefat.

**

Den hemliga basen
De byggde tunneln och tornet
mitt under kalla kriget
de säg att det var för sötvattnet
till fabriken
men ett vet jag som är sant
att det var en hemlig ubåtsbas
och tornet var för missilen
som skulle skickas iväg
under den sista striden

Säkert har jag det hört från Olof
som sprängde tunneln genom berget
han hörde tydligt
kostymklädda besökare
prata amerikanska
och diskutera måtten
på en Lafayette
och för den som inte tror mig
kan själv beräkna
det enorma övermåttet
på tunnelmåtten
om syftet bara var
att förse fabriken med vatten.

Skyddsrummet i Babelsberget
I Babelsberget finns skyddsrummet
ett stort bergrum för att skydda
folket när bomberna faller
men Gösta som jobba på kommunen
har sett de sekretessbelagda ritningarna
och han förtalde mig om hemliga
underjordiska våningar
större än Hemsö fästning

Från säker källa har jag också hört
att stora beredskapslager
finns därnere i djupet
årsförbrukningar av
surströmmingar i förgyllda burkar
och brännvinsflaskor märkta med AA

Där finns också stora sviter
spa och restauranger
där kommunledningen
och företagscheferna
kan njuta lyxlivet i krisen
med familjerna sina

Tro det om du vill
men Gösta är inte den som ljuger.
för han sitter med i kyrkofullmäktige
och har svärt på korset att det är sant.

Dikter ur hängmattan av Sara Grönkvist

Jag ligger i hängmattan
och läser en bok
när en fin dam med lång svart klänning
kommer på besök
hon trippar nätt fram på tå
och bakom henne kommer en fin herre
spatserande med frack och svart hatt

Jaha, hur är det här då?
gräset behöver visst klippas
och rabatterna rensas
tjattrar de överlägset
till jag irriterat jagar bort
de oförskämda gästerna

De flyger förskräckta opp
sätter sig i granens topp
sitter där och skrattar
och stör min lugna kväll.

**

I gräset går en humla
lätt berusad
av kvällens nektar
kliver klumpigt omkring
på vitklöverns blommor
Akta dig, se dig för din drummel!
Ursäkta, min sköna
det var inte meningen att dröna
kryper sen vidare på sin färd
innan han tar farväl
och flyger sin väg.

Hängmattan gungar mig till ro
men ovanför mig
är kvällstrafiken i full gång
myggorna surrar och svärmar
över gräsmattan
koltrasten rusar fram och tillbaka
över syrenhäcken
kråkan flaxar kraxande förbi
granens topp
måsarnas gälla rop
hörs högt i skyn
på väg till älven för att fiska
och ännu högre upp i de blå
gör svalorna sina konststycken
och som en svart prick
cirklande i en ring
far duvhöken omkring
med sin skarpa blick
och högst upp på valvet
syns en jetstrimma från ett flygplan
med full fart mot Amerika.

**

Från min hängmattas
rofyllda gungande
hör jag lönnen viska
Vad säger du min vän?
Blåser det upp och blir regn i kväll
Nå och vad mer?
Är det Karlsson som grillar
är det hans rök jag ser
den täta Lützen dimman
Och vad mer?
Ser du ändå bort
till Bollstafjärden?
Lägger ett skepp ut med last
vinkar en sjöman farväl
Ja farväl, vi ses snart min vän
nu säger även jag farväl
för det blåser upp till regn ikväll.

**

I skymningen prasslar det i häcken
en söt liten blötnos
sniffar och bökar
bland de torra löven
vaggar fram som en tjock herre
i sommarkvällen

God dag herr Igelkott
Är ni här igen?
på er nattliga promenad
ja, maskarna är feta i år
och som ni beställt
har jag ställt ut
en vattenskål.

Om författarna

Olle Nyström (1915-1972), allmänt känd som Mäsk-Olle, var en notorisk hembrännare från Nyland, som vid ett antal tillfällen fick skaka galler fick sina snedsteg. Han påstods även ingå i det hemliga sällskapet AA (Alkoholens Alkemister), där även Erik Nyman, Per från Skogen, Holger Näsman och några andra suspekta karaktärer ska ha ingått. Hans diktsamling "Det stora arbetet" ska ses som en form av travesti på alkemisternas arbete och beskriver hembränningens hantverk och hemligheter ur olika perspektiv.

Holger Broman (1920-1970) (bror till folklivsskildraren Helge Broman) jobbade som folkskollärare i Prästmon och brukade på sin fritid skriva dikter om forntidens hjältar och antika myter där handlingen och miljön var hämtad från hans egna trakter. Han kallade sina omskrivningar för Norrländsk mytologi. Förutom dikterna i detta urval har Holger bland annat skrivit om Herkules stordåd och Jason och Argonauterna.

Den okända poeten JJ. Bland allt material vi fick in fanns ett svart vaxhäfte med dikter som var signerade JJ. Trots efterforskningar har vi inte fått fram någon mer information om JJ. Av dikterna utgår vi från att JJ bodde på Sandö under 1970-talet där hans dikter utspelar sig.

Karin Hansdotter (1860-1970), allmänt känd som Kloka Karin från Brunne, hjälpte under sitt liv många människor med krämpor och kärleksbekymmer. Förutom sitt rykte som klok käring så var hon också en uppskattad sömmerska. Till sina dekokter brukade hon skriva ner korta trollformler och signelser. Urvalet är hämtat från Hubertus Bromans folklivsarkiv.

Patient E. Dr Molander som var verksam på Björknäs Mentalsjukhus under många år hittade i samband med nedläggningen en mapp i sjukhusets arkiv med ett antal dikter som ska ha varit skrivna av Patient E. Patient E var troligen en icke namngiven kvinna som under olika perioder av sitt liv tillbringade på institutionen.

Emil Byman (1913-1965) var en självlärd naivistisk konstnär som återkom till samma motiv livet ut. Efter sin död efterlämnade han ett antal dagböcker med korta dagsverser och runt 500 tavlor, alla med samma motiv av en älg vid en sjö, och konstnären som står på bron utanför sitt hem och vinkar. I dagsboksdikterna "Att måla en tavla" beskriver han hur han upptäckte konsten och sitt motiv.

Balthazar von Konkelbären, pseudonym för Melker Granqvist (1934-1971). Melker var mjölkbonde i Nordingrå och redaktör för Djupånger-bladet under åren 1965-1966 där han publicerade sina niddikter under rubriken "Veckans värsta vers". Melker var också en flitig brevskrivare till olika myndigheter och nämnder och han skickade regelbundet in insändare till lokaltidningarna. I dag skulle man nog använda begreppet rättshaverist för att beskriva hans litterära arv.

Hubertus Broman, (1843-1912), farfars far till folklivsskildraren Helge Broman. Hubertus var en pionjär inom folklivsskildringen i regionen. Han reste i slutet av 1800-talet runt och nedtecknade sägner, myter och traditioner från trakten. Länge var hans forskning bortglömd och försvunnen. Men på 1940-talet började Helge Broman efterforska vad som hänt med hans farfars far Hubertus arkiv. Det återfanns så småningom nedstoppat i en oregistrerad kartong på landsarkivet i Härnösand. En av de märkligaste delarna av arkivet är den så kallade Svartboken från Lomtjärn.

Kring Lomtjärnen har det sedan 1600-talet bott en isolerad grupp människor tillhörande de resande folken. Gruppen försvann spårlöst i samband med jordbävningen 1877. Svartboken är en liten bunden bok gjord av älgskinn med måtten 7.7 x 7.7 cm. Boken innehåller böner, hymner och besvärjelser som verkar ha varit grunden för bybornas besynnerliga föreställningsvärld. Boken är skriven på en ålderdomlig svenska uppblandad med olika ord från diverse andra främmande språk. Ett urval hymner och böner presenteras här för första gången. Texten är bearbetad och moderniserad av Helge Broman.

Nils Verner, (1909-1985), känd som Östby-Nils. Sägs ha varit en pensionerad professor i litteraturvetenskap från Uppsala. På ålderns höst sågs han ofta cykla omkring ovårdad och smutsig samlande på burkar i trakten. Han brukade ofta sitta i centrum tillsammans med traktens A-lagare och berätta fantastiska skrönor och myter. Efter sin död efterlämnade han en mindre förmögenhet och ett antal häften med dikter baserade på litterära förlagor.

Fabian Lundbom, f.1967. Sågverksarbetare född och uppvuxen i Dynäs. Efter att ha mött författaren Torgny Lindgren på en järnvägsstation i Umeå blev Fabian som besatt av författarens litterära verksamhet och startade därefter Torgny Lindgren sällskapet i Dynäs, där han var ordförande och enda medlem.

Anders Andersson, f.1970. Ända sedan skolåldern var Anders Andersson ökänd som mytoman. I vuxen ålder ägnade han sig helhjärtat åt konspirationsteorier och driver idag bland annat den populära hemsidan sanningenfinnsdarute.org där han också publicera sina dikter under rubriken "I sanning diktat".

Sara Grönkvist, f.1957, är en grundskollärare från Bollstabruk med förkärlek för historia, litteratur och trädgård. Hennes vardagsfilosoferande dikter utspelar sig alltid utifrån hängmattans perspektiv.

www.ingramcontent.com/pod-product-compliance
Lightning Source LLC
Chambersburg PA
CBHW060949050426
42337CB00052B/3101